German

# Meine vielen Farben:

## Eine Geschichte darüber, nicht-binär zu sein

Marcy Schaaf

# My Many Colors:

## A Story of Being Non-Binary

Marcy Schaaf

When a child expresses a preference to be referred to using "they/them" pronouns, it typically means that they identify as non-binary or genderqueer. Non-binary is a term used to describe individuals whose gender identity doesn't exclusively align with the traditional categories of male or female. Instead, they may experience their gender identity as being somewhere along a spectrum beyond these binary options.

Choosing to use "they/them" pronouns acknowledges and respects the child's gender identity and their right to define themselves in a way that feels authentic to them. It's important to honor their preferred pronouns and provide support and understanding as they navigate their gender identity. This may involve educating others around them, such as family members, friends, and teachers, about the importance of using the correct pronouns and respecting the child's identity.

It's essential to create an environment where the child feels safe and accepted for who they are, regardless of their gender identity. This may involve advocating for inclusive policies and practices in schools, healthcare settings, and other institutions to ensure that non-binary individuals are respected and supported.

Wenn ein Kind den Wunsch äußert, mit „they/them"-Pronomen angesprochen zu werden, bedeutet das typischerweise, dass es sich als nicht-binär oder genderqueer identifiziert. Nicht-binär ist ein Begriff, der verwendet wird, um Personen zu beschreiben, deren Geschlechtsidentität nicht ausschließlich mit den traditionellen Kategorien männlich oder weiblich übereinstimmt. Stattdessen erleben sie möglicherweise, dass ihre Geschlechtsidentität irgendwo in einem Spektrum liegt, das über diese binären Optionen hinausgeht.

Die Entscheidung, die Pronomen „they/them" zu verwenden, erkennt die Geschlechtsidentität des Kindes an und respektiert es sowie sein Recht, sich auf eine Weise zu definieren, die sich für es authentisch anfühlt. Es ist wichtig, ihre bevorzugten Pronomen zu respektieren und ihnen beim Navigieren zu ihrer Geschlechtsidentität Unterstützung und Verständnis zu bieten. Dazu kann es gehören, andere Menschen in ihrem Umfeld, etwa Familienmitglieder, Freunde und Lehrer, darüber aufzuklären, wie wichtig es ist, die richtigen Pronomen zu verwenden und die Identität des Kindes zu respektieren.

Es ist wichtig, eine Umgebung zu schaffen, in der sich das Kind unabhängig von seiner Geschlechtsidentität sicher und akzeptiert fühlt. Dies kann das Eintreten für integrative Richtlinien und Praktiken in Schulen, Gesundheitseinrichtungen und anderen Institutionen beinhalten, um sicherzustellen, dass nicht-binäre Personen respektiert und unterstützt werden.

In a small town nestled between rolling hills and whispering forests, there lived a child named Alex.

In einer kleinen Stadt,
eingebettet zwischen sanften
Hügeln und leisen Wäldern, lebte
ein Kind namens Alex.

Alex was a very special kid.
They had a name that was
neither strictly for boys nor only
for girls.

Alex war ein ganz besonderes Kind. Sie hatten einen Namen, der weder ausschließlich für Jungen noch nur für Mädchen bestimmt war.

But something else made Alex different too. Some days, they felt as delicate as a butterfly, and on those days, they liked to wear dresses.

Aber noch etwas anderes machte Alex anders. An manchen Tagen fühlten sie sich so zart wie ein Schmetterling, und an diesen Tagen trugen sie gern Kleider.

Other days, Alex felt strong and bold, like a mighty lion. On those days, they chose pants and shirts that made them feel powerful and free.

An anderen Tagen fühlte sich Alex stark und mutig, wie ein mächtiger Löwe. An jenen Tagen wählten sie Hosen und Hemden, die ihnen das Gefühl gaben, kraftvoll und frei zu sein.

But most days, Alex was somewhere in between. They didn't feel entirely like a boy or completely like a girl. They just felt like themselves, a beautiful blend of everything in between.

Aber an den meisten Tagen lag Alex irgendwo dazwischen. Sie fühlten sich weder ganz wie ein Junge noch ganz wie ein Mädchen. Sie fühlten sich einfach wie sie selbst, eine wunderschöne Mischung aus allem dazwischen.

Some people understood Alex's unique way of being, and they celebrated it with open arms and warm smiles.

Einige Leute verstanden Alex'
einzigartige Art zu sein und
feierten es mit offenen Armen
und einem warmen Lächeln.

But others didn't understand.
They would stare or whisper,
unsure of what to make of
someone who didn't fit neatly
into their idea of boy or girl.

Aber andere verstanden es nicht. Sie starrten oder flüsterten, unsicher, was sie von jemandem halten sollten, der nicht genau in ihre Vorstellung von Jungen oder Mädchen passte.

One day, Alex's grandmother came to visit. She looked puzzled when she saw Alex wearing pants instead of a dress.

Eines Tages kam Alex' Großmutter zu Besuch. Sie sah verwirrt aus, als sie sah, dass Alex Hosen statt eines Kleides trug.

"Why aren't you wearing a pretty dress, my dear?" she asked, her voice full of confusion.

„Warum trägst du kein hübsches Kleid, meine Liebe?" fragte sie mit verwirrter Stimme.

Alex took a deep breath, feeling nervous but determined to explain. "Sometimes, I feel more like a boy, Grandma. And today is one of those days."

Alex holte tief Luft, war nervös, aber entschlossen, es zu erklären. „Manchmal fühle ich mich eher wie ein Junge, Oma. Und heute ist einer dieser Tage."

Grandma listened carefully,
her eyes softening with
understanding. "Oh, I see,"
she said gently.
"Well, you always look lovely, no
matter what you wear."

Oma hörte aufmerksam zu, ihre Augen wurden vor Verständnis weicher. „Oh, ich verstehe", sagte sie sanft.
„Nun, du siehst immer hübsch aus, egal was du trägst."

As Alex grew older, they learned how to have difficult conversations with teachers, friends, and family members about their gender identity.

she he
they

Als Alex älter wurde, lernten sie, schwierige Gespräche mit Lehrern, Freunden und Familienmitgliedern über ihre Geschlechtsidentität zu führen.

she he
they

They discovered that some people would have questions or need time to understand, and that was okay. Patience and kindness were their greatest allies.

Sie stellten fest, dass einige Leute Fragen hatten oder Zeit brauchten, um zu verstehen, und das war in Ordnung. Geduld und Freundlichkeit waren ihre größten Verbündeten.

And as Alex looked around at the world, they realized that not everyone would understand, and that was okay too. What mattered most was being true to themselves.

Und als Alex sich in der Welt umsah, wurde ihnen klar, dass nicht jeder es verstehen würde, und das war auch in Ordnung. Das Wichtigste war, sich selbst treu zu bleiben.

One day, as the sun dipped low in the sky and painted the world with shades of pink and gold, Alex had a realization.

Eines Tages, als die Sonne tief am Himmel versank und die Welt in Rosa- und Goldtöne tauchte, hatte Alex eine Erkenntnis.

"I may be neither strictly a boy nor only a girl," they thought to themselves, "but I am me. And that is enough."

„Ich bin vielleicht weder unbedingt ein Junge noch nur ein Mädchen", dachten sie bei sich, „aber ich bin ich. Und das reicht."

And so, Alex embraced their uniqueness with pride, knowing that their true colors shone brightest when they were being authentically themselves.

Und so nahm Alex ihre Einzigartigkeit mit Stolz an, wohlwissend, dass ihr wahres Gesicht am hellsten strahlte, wenn sie authentisch sie selbst waren.

The end.

Das Ende.

## Life Lesson:

Embrace your uniqueness and be true to yourself, even if others may not understand. You are beautiful just the way you are.

**Lektion fürs Leben:**
Akzeptieren Sie Ihre
Einzigartigkeit und bleiben Sie
sich selbst treu, auch wenn
andere es vielleicht nicht
verstehen. Du bist schön, so wie
du bist.

Non-binary kids, like anyone else, may have diverse preferences when it comes to how they like to dress. There's no single "right" way for non-binary individuals to dress, as gender expression is highly personal and can vary greatly from person to person. Some non-binary kids may prefer clothing that is traditionally associated with their assigned gender at birth, while others may gravitate towards clothing that blurs or challenges traditional gender norms.

Here are some common ways non-binary kids might choose to dress:

1. Gender-neutral clothing: Many non-binary individuals prefer clothing that is not specifically associated with either traditional gender category. This might include items like t-shirts, jeans, hoodies, sneakers, and other styles that are not inherently gendered.

2. Mix-and-match styles: Some non-binary kids may enjoy mixing elements of traditionally masculine and feminine clothing in their outfits. This could involve wearing clothing from both the men's and women's sections of stores, or combining traditionally masculine and feminine accessories.

3. Androgynous fashion: Androgynous fashion often features clothing styles that blur the lines between masculine and feminine aesthetics. This might include tailored suits, button-up shirts, blazers, skirts, dresses, androgynous hairstyles, and accessories that aren't strongly gendered.

4. Personal expression: Ultimately, non-binary kids may choose to dress in a way that reflects their unique personality, interests, and sense of style. They may experiment with different looks, colors, patterns, and accessories to express themselves authentically.

It's important to respect and support non-binary kids in their clothing choices, just as you would with any child. Creating an inclusive environment where they feel comfortable expressing themselves is key to fostering their confidence and well-being.

Nicht-binäre Kinder haben möglicherweise, wie alle anderen auch, unterschiedliche Vorlieben, wenn es darum geht, wie sie sich gerne kleiden. Für nicht-binäre Menschen gibt es keine einheitliche „richtige" Art, sich zu kleiden, da der Ausdruck des Geschlechts sehr persönlich ist und von Person zu Person sehr unterschiedlich sein kann. Einige nicht-binäre Kinder bevorzugen möglicherweise Kleidung, die traditionell mit ihrem bei der Geburt zugewiesenen Geschlecht in Verbindung gebracht wird, während andere möglicherweise zu Kleidung tendieren, die traditionelle Geschlechtsnormen verwischt oder in Frage stellt.

Hier sind einige gängige Kleidungsoptionen für nicht-binäre Kinder:

1. Geschlechtsneutrale Kleidung: Viele nicht-binäre Menschen bevorzugen Kleidung, die keiner der traditionellen Geschlechterkategorien zugeordnet werden kann. Dazu können Artikel wie T-Shirts, Jeans, Kapuzenpullover, Turnschuhe und andere Stile gehören, die nicht grundsätzlich geschlechtsspezifisch sind.

2. Mix-and-Match-Stile: Einige nicht-binäre Kinder mögen es, Elemente traditionell männlicher und weiblicher Kleidung in ihren Outfits zu mischen. Dabei kann es sich um das Tragen von Kleidung aus der Herren- und Damenabteilung der Geschäfte oder um die Kombination traditionell maskuliner und femininer Accessoires handeln.

3. Androgyne Mode: Androgyne Mode zeichnet sich oft durch Kleidungsstile aus, die die Grenzen zwischen männlicher und weiblicher Ästhetik verwischen. Dazu können maßgeschneiderte Anzüge, Hemden mit Knöpfen, Blazer, Röcke, Kleider, androgyne Frisuren und Accessoires gehören, die nicht stark geschlechtsspezifisch sind.

4. Persönlicher Ausdruck: Letztendlich entscheiden sich nicht-binäre Kinder möglicherweise dafür, sich so zu kleiden, dass sie ihre einzigartige Persönlichkeit, Interessen und ihren Sinn für Stil widerspiegeln. Sie können mit verschiedenen Looks, Farben, Mustern und Accessoires experimentieren, um sich authentisch auszudrücken.

Es ist wichtig, nicht-binäre Kinder bei der Wahl ihrer Kleidung zu respektieren und zu unterstützen, so wie Sie es bei jedem anderen Kind tun würden. Die Schaffung eines integrativen Umfelds, in dem sie sich wohl fühlen, sich auszudrücken, ist der Schlüssel zur Förderung ihres Selbstvertrauens und Wohlbefindens.

Hey there, colorful kids! Have you ever wondered how to pick the perfect colors for your outfit? It's easy! Just think about how you're feeling and what outfit you want to wear. If you're feeling as bright as a sunny day, maybe choose clothes in vibrant yellows and oranges. Or if you're feeling calm and peaceful, soft blues and greens might be just the right colors for you. Let your outfit be your canvas and your feelings be your guide as you paint the world with your unique style and personality!

Hallo, bunte Kinder! Haben Sie sich jemals gefragt, wie Sie die perfekten Farben für Ihr Outfit auswählen? Es ist einfach! Denken Sie einfach darüber nach, wie Sie sich fühlen und welches Outfit Sie tragen möchten. Wenn Sie sich so strahlend wie an einem sonnigen Tag fühlen, wählen Sie vielleicht Kleidung in leuchtenden Gelb- und Orangetönen. Oder wenn Sie sich ruhig und friedlich fühlen, könnten sanfte Blau- und Grüntöne genau die richtigen Farben für Sie sein. Lassen Sie Ihr Outfit Ihre Leinwand und Ihre Gefühle Ihr Leitfaden sein, während Sie die Welt mit Ihrem einzigartigen Stil und Ihrer Persönlichkeit malen!

Explore these pages to
discover your unique style.

Erkunden Sie diese Seiten, um Ihren einzigartigen Stil zu entdecken.

# Books By Schaaf

www.BookBySchaaf.com

Find us at: